San Agustín zhao rong

Tabla de contenido

Introducción

En este mini- libro encontraras la novena en su honor y el santo rosario

Recomendación

Se recomienda asistir periódicamente a la santa eucaristía, cumplir con el mandamiento de la confesión y realizar obras benéficas.

Novena en su honor

1- El credo

2- El yo confieso

Oracion para todos los días

Bendito soldado santo, hombre que entrego su vida, sus minutos y su tiempo a cumplir con la voluntad de Dios, tu querido amigo que a pesar de ser martirizado nunca negaste de tu amor y tu fe, hoy vengo a ti a suplicarte que tu luz me acompañe en la travesía de la vida porque quiero que tu mano me acompañe todos los días de mi existencia no me sueltes nunca hasta el dia en que el creador me recoja en su abrigo eterno amen.

Dos padres nuestros

Dia primero

Querido amigo, tu nunca negaste tu fe y tu amor a Dios a pesar de que tus últimos días viviste privado de tu libertad, tu alma era libre porque en ti habita la gracia de Dios y hoy gozas de su amor infinito y en la libertad de la eternidad te hizo santo para ser honrrado y recordado por los hombres, tu recompensa no fue terrenal sino eterna, pido a Dios incansablemente que nunca tu luz se apague y puedas expandirla en mi vida a mi alrededor para que todo lo que me concierne sea transformado según la voluntad de Dios amen.

Dos santa maría

Dia segundo

Querido santo, tú que fuiste perseguido por tu fe y a pesar del peligro constante nunca dejaste de predicar, nunca dejaste de llevar el mensaje de Dios a tu prójimo para que conociera la verdad, a ti que no te importo pasar travesías terrestres o humanas para llevar luz a todo aquel que estaba en oscuridad y sembrar en ellos la semilla de la salvación, te suplico amado santo que apadrines mi caminar y intercedas por mi ante Dios para que su misericordia sea extendía y pueda perdonarme por todos mis pecados, pero tambien ayúdame a ser vigilante dia tras dia de mis acciones para no ofender a Dios, ayúdame hacer digno de su amor y a convertirme como tu en su fiel, valiente y gurrero servidor. Dos gloria al padre

Dia tercero

Amado Dios, amado padre, gracias por ser misericordioso conmigo y darme tu perdón al mismo tiempo que enviar a tu siervo san Agustín a mi corazón para protegerlo ante el dolor de las malas acciones del pasado, gracias amado Dios porque su luz me ayuda a limpiar mi espiritu y ser digno de ti, amado san Agustín ayúdame a auto sanarme, a auto perdonarme, porque por mis actos me hice daño, porque por mis actos causo heridas en mis seres amados, me perdono, de la mano de Dios y de la mano de ti amado san Agustín zhao dos credos.

Dia cuarto

Amado san Agustín zhao rong, gracias por visitar mi vida y ayudarme a renovar mi alma, gracias por ayudarme a batallar ante las guerras espirituales, hoy te suplico me ayudes a encontrar la manera de obtener en mi corazón el don del perdón, que pueda perdonar a todo aquel que me ha ofendido, a todo aquel que me ha hecho daño, que en mi corazón, que en mi alma exista el don del perdón, el don de la bondad, del don de la misericordia que el único que pueda juzgar todo daño que me han hecho sea Dios, que no exista en mi la sed de venganza, que no exista en mi regresar el daño que me han causado, te pido amado santo maritr que esas cadenas no sean las que me roben la libertad espiritual, permite que sea libre para encontrar seres humanos dignos de recibir mi amor, mi respecto y mi lealtad, permite que donde vaya construya y no destruya, amado amigo te suplico que mi mente no se vea rodeada de larvas malignas de odio, ni de reciña alguna amen. Dos gloria al padre

Dia quinto

Amado amigo, santo de honorable honrra gracias por todos los favores recibidos, vengo a ti a suplicarte que desprendas de mi la desesperanza ante las batallas perdidas, que pueda comprender la enseñanza que Dios tiene para mi en esta experiencia de vida, te suplico amado san Agustín zhao rong que las heridas sanen y que el amor de Dios me de la esperanza necesaria para ser fuerte ante las pruebas de fe, que pueda saber la tarea que debo realizar en mi existencia, te suplico amigo mío que tu faro de luz no se aparte de mí y pueda ser mas sabio al momento de esquivar las tentaciones y en el momento que las batallas o las guerras de la vida se me presenten amen, leer el salmo 91

Dia sexto

Bendito santo, gracias por enseñarme a ser fuerte y valiente, gracias porque a pesar de estar en prisión sin merecerlo siempre tuviste la confianza en que Dios te exaltaría por eternamente y te daría el poder de santo, te suplico con humildad y de rodillas que tus manos santas toquen mi cuerpo y lo sanen de toda enfermedad visible o asintomática, que tu mirada sea mi medicina, se tu el medico junto a Dios, para que renueve todo de mi las células, cada parte de mi cuerpo, te suplico que regrese ami el vigor para poder trabajar en mí, en mi familia en mi prójimo espiritualmente y poder caminar hacia el amor sincero e infinito de Dios cumpliendo sus mandatos y la voluntad que tiene para mi destino, sana mi cuerpo, no dejes que llegue a mi peste alguna, plaga alguna, enfermedad crónica, que entristezca mi alma, y si es tu voluntad que pueda aprender y llevar la lección a todo aquel que la necesite y predicar los milagros que Dios hace en mí, para la conversión de corazones amen. Leer el salmo 23

Dia séptimo

Amado santo san Agustín zhai rong, gracias por enviar tu luz sobre mi y darme paz y tranquilidad, por ayudarme en todos los inconvenientes en mi transitar terrenal, sé que tú serás la barca que me cuidara y me refugiara cuando la tormenta acreciente la furia del mar, te suplico que tu poder santo sea aquel que me cuida y me protege ante toda adversidad, que la valentía me acompañe cuando la incertidumbre quiera acompañarme, amado san Agustín zhao rong te suplico que así como eres mi compañía y el santo que me guía lo seas con mi familia, para que ellos al igual que yo encaminemos nuestro destino a la voluntad de Dios, amigo mío te suplico que apartes de mi toda adversidad, todo peligro, todo ente oscuro que quiera dañar todo lo construido desde el día en que llegaste a mi vida. Dos salve reina y madre de misericordia

Dia octavo

Amado amigo, amado hermano, gracias por ser ese escudo protector ante todo mal y peligro, gracias por batallar conmigo las pruebas de fe, querido amigo te admiro y le pido al altísimo que nunca te quite tu poder santo, puesto que es bien merecido por todo el dolor corporal y de alma que sufriste en vida, a pesar de vivir adversidades y tortura, privado de tu libertad nunca negaste el amor que sentías por Dios y nunca dejaste que se apagara tu fe, te suplico que me ayudes hacer como tu un digno misionero y mensajero del altísimo para ser luz en aquellos que viven en oscuridad. Dos credos

Dia noveno

Bendito santo, te doy gracias por ser aquel abogado ante el creador para alcanzar el perdón de mis culpas, gracias por tomarme de tu mano y llevarme por el camino del bien y el correcto, se que contigo seré un buen y agradable siervo del señor, te suplico que tu presencia en mi vida sea para restaurar todo dolor, toda desesperanza, toda angustia, y todo dolor del pasado causado por vivir consciente o inconscientemente en el valle de sombras, amigo mío, hermano mío, dame entendimiento para poder discernir entre lo bueno y lo malo, no permitas que mi nombre sea borrado del libro de la vida eterna, ayúdame a estar vigilante y hacer siempre lo correcto para que el día en que el creador regrese a la tierra sea digno de su amor eterno dos padres nuestros

Dia decimo

Amado santo amado amigo, tu que sufriste privacidad, que estuviste preso por proclamar tu fe, te pido que me liberes de todo pecado, de toda tentación, de todo vicio mal sano, libérame de todo aquello que quiere destruir mi luz espiritual, la bondad de mi corazón, limpia mi entorno de toda hierva mala y permite que mi existencia obtenga buenos frutos los cuales sean de construcción para el creador para que se haga su santa voluntad en la tierra, no dejes que todas las bondades o las cualidades dadas por espíritu santo sean ocultadas o suprimidas por causa del pecado. Dos salve reina y madre de misericordia.

Dia once

Querido amigo, querido santo, tu que atravesaste pueblos y naciones llevando el mensaje de Dios te suplico que me abras las puertas donde necesiten que siembre la palabra de Dios y sea mi presencia motivo de restauración de dolor, que mi presencia ayude a expulsar entes negativos y malignos, te suplico que a mi partida de este mundo terrenal seas tu el que me toma de la mano y me entregas a la luz y al amor infinito de Dios amen dos credos

Dia doce

Querido santo de tierras orientales, te suplico que derrames tu luz santa sobre toda la humanidad y pueda encaminarse para encontrar armonía con su creador y se pueda cumplir su voluntad sobre nosotros, que la paz de la humanidad sea restablecida, te suplico que tu poder santo junto con el creador, consuele a todo aquel que sufre de dolor, de desesperanza, de angustia, miedo o desolación, para que pueda ser como tu y ayudar a restaurar corazones en el nombre de nuestro padre eterno amen, dos padres nuestros

Santo rosario

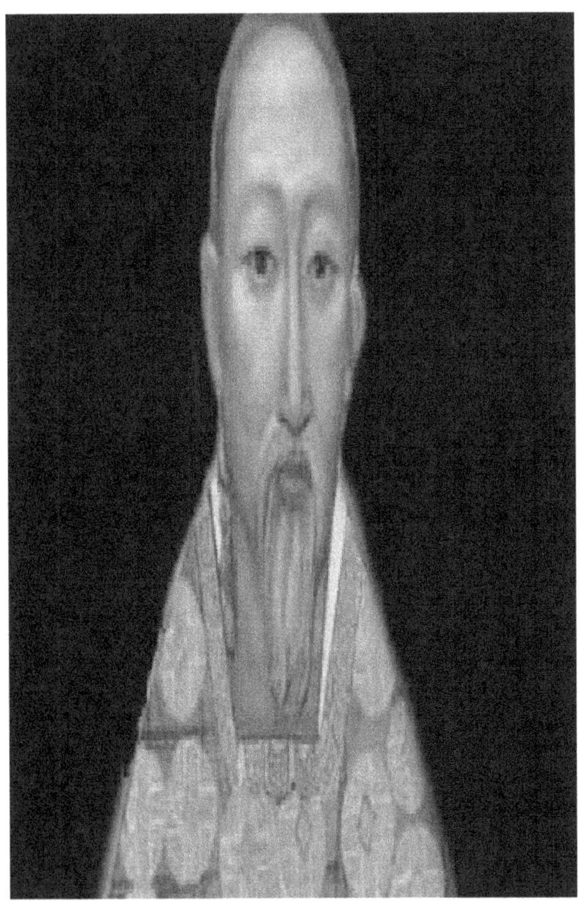

1- Persignación

2- El credo

3- Primera esfera: yo confieso, segunda esfera: el gloria de misa, tercera esfera: salve reina y madre de misericordia

4- Amado san Agustín zhao rong, vengo a ti con humildad y si es la voluntad del altísimo a suplicarte que envíes tus rayos de luz sobre mí, para que en mi alma regrese la paz y pueda limpiar los sentimientos de mi corazón para que en el habite el altísimo y se haga en mi según su voluntad

5- Primera intención

Vengo a ti amado san Agustín zhao rong, para que tu luz santa le ponga dirección a mi existencia, para que tu presencia me proteja ante todo mal y peligro, para que en mi entorno se expulse todo ente negativo, todo ente destructor, te suplico que me ayudes en este percance por el cual estoy atravesando, que me guíes a encontrar la solución sabia ante la dificultad atrae hacia mi la persona correcta que me ayude con sus concejos a tomar la mejor solución, o envíame al lugar donde encontrare respuesta, te suplico amado santo que no me dejes solo ante esta prueba ni ante las que están por llegar, ayúdame a tener paz, armonía y tranquilidad en mi existencia amen

6- Diez santa maría
   Dos padres nuestros
   Dos gloria al padre

7- Segunda intención

Querido amigo, tu que sufriste de torturas y a pesar del dolor nunca se quebrantó tu fe, ayúdame a fortalecer mi espíritu, mi alma, ayúdame a escalar todo muro que impida tener una relación armoniosa y amorosa con mi creador, permite que mi existencia sea agradable para sus ojos y pueda ser digno de recibir todas sus bendiciones, toda su misericordia, toda su bondad, todo su amor, ayúdame a ser digno que mis pasos sean dignos de ser protegidos y que al igual que a mí, mis seres queridos conozcan la verdadera realidad la cual nos conduce a al verdadero amor.

8- Diez santa maría
   Dos padres nuestros
   Dos gloria al padre

9- Tercera intención

Amado amigo, guárdame en el más preciado rincón de tu abrigo, donde sea protegido ante personas de malas intenciones, ante entes oscuros, que tu mano me guarde ante todo mal y peligro, ante toda enfermedad crónica, se tu el enfermero y cuidador de mi cuerpo y espíritu, no dejes que mi vida se inunde de inseguridad, de miedo, de ansiedad, o desanimo ante el regalo diario de la vida, ayúdame a valorar cada suspiro entregado al despertar, ayúdame a analizar cada lección de vida, pero que no se pierda en mi experiencia sino que pueda comunicarla para que otros no cometan el mismo error y puedan actuar sabiamente

10-   Diez santa maría
        Dos padres nuestros
        Dos gloria al padre

11-	Cuarta intención

Querido san Agustín zhao rong, te doy gracias, por ser aquel faro que me guida dia tras dia, te suplico amigo mío que sanes toda enfermedad económica que tenga presente, se tú el que bendiga todo dinero ganado con el sudor de mi frente, se tu aquel que me guía para ser digno de la prosperidad y las bienaventuranzas que tiene el creador para mi existencia, bendice cada alimento de mi mesa, se que tu no permitas que llegue a mi vida la escases, la pobreza, la miseria, sé que el dinero llegara a mi vida en abundancia, constantemente e infinitamente, no permitas que mi espiritu se llene de egos dañinos y pueda ayudar al hermano que mas lo necesite, permite que el dinero que llegue a mis manos me sirva para construir sociedad mas no para destruirla y pueda ser un vinculo que ayuda a realizar los sueños de mis seres amados, no dejes que espiritus de ruina toquen mi morada, mi trabajo, mi relación sentimental, permite que llegue a mi constantemente en abundancia e infinitamente, bendecido por tus manos santas y las de mi creador amado.

12-	Diez santa maría

	Dos padres nuestros

	Dos gloria al padre

13-   Quinta intención

San Agustín zhao rong, te agradezco, porque se que estas conmigo en todo momento, se que peleas por mi ante los gigantes de la oscuridad, y te doy gracias por ello, yo se me ayudas a cumplir mis sueños según la voluntad divina, que abres las puertas para que el progreso espiritual y material me acompañen, gracias porque tu presencia limpia mi corazón y me das la capacidad para alcanzar mis objetivos, por eso solo en tus manos y en las del espiritu santo coloco mis pasos, amado santo clamo a ti, para que abras las ventanas de los cielos a mi favor y tambien coloques tu favor en mis seres amados, para que no sea destruido lo que el amado Dios nos ha brindado, a mas nadie puedo darle las gracias sino a ti que me ayudas a derribar muros que impiden mi relación amorosa con el creador, te suplico que me acompañes el dia en que mi alma parta de este plano terrenal, que sea tu mano la que la entregue a Dios para gozar aun mas de su amor infinito amen

14-   Diez santa maría
15-   persignación final